La lumière

écrit par Maria Gordon
et
illustré par Mike Gordon

GAMMA • ÉCOLE ACTIVE

Dans la collection *Je découvre les sciences* :

- La lumière
- La chaleur
- L'électricité et le magnétisme
- Les squelettes et le mouvement

Dépôt légal : mars 1998. Bibliothèque nationale.
ISBN 2-7130-1833-1.

Exclusivité au Canada :
Éditions École Active
2244, rue de Rouen, Montréal, Qué. H2K 1L5.
Dépôts légaux : 2e trimestre 1998.
Bibliothèque nationale du Québec,
Bibliothèque nationale du Canada.
ISBN 2-89069-568-9.

Loi n° 49-956 du 16 juillet 1949
sur les publications destinées à la jeunesse.

Imprimé en CEE.

Sommaire

La lumière est indispensable
à tous les êtres vivants.
Elle est porteuse d'énergie.

La lumière nous permet
de voir. Elle favorise
la croissance des plantes.
Elle peut brûler les objets,
et même notre peau.

La plus grande partie de la lumière qui nous entoure est produite par le Soleil. Il fait nuit noire quand le Soleil ne nous éclaire pas. Nous devons alors utiliser d'autres sources lumineuses.

Quelles sont les sources de lumière que tu peux voir sur ces deux pages ?

Parmi
ces sources
lumineuses,
quelles sont celles
fabriquées par l'homme ?

Il y a longtemps, les hommes préhistoriques s'éclairaient avec la flamme d'une torche ou de la graisse animale brûlant dans un récipient.

Plus tard, les gens utilisèrent
la combustion de la cire,
du pétrole ou du gaz.

Aujourd'hui, nous utilisons des ampoules électriques. Elles ont été inventées par Thomas Edison. Cela te surprendra d'apprendre que ses professeurs ne le trouvaient pas intelligent.

La plupart des ampoules ont, à l'intérieur, un fil métallique qui est chauffé par le passage du courant électrique et devient incandescent. D'autres ampoules contiennent une peinture ou un gaz qui brillent sous l'action de l'électricité.

La lumière est toujours
en mouvement.
Elle se déplace très vite :
le temps que tu mets à dire
Wonderwoman, elle fait huit fois
le tour de la Terre.

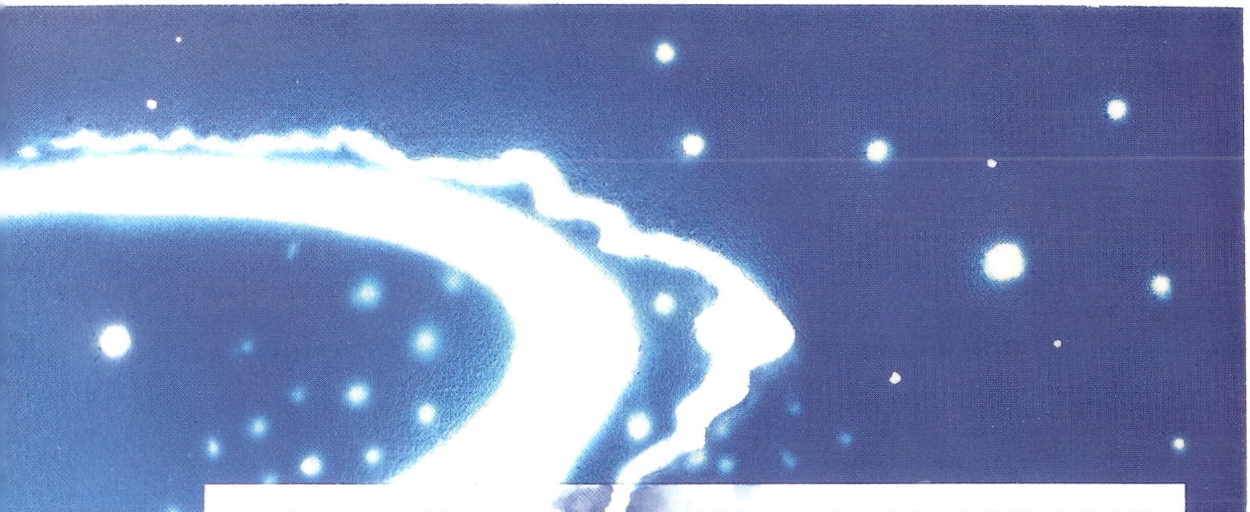

La lumière
se déplace en
ligne droite. Dans
une pièce sombre, place
une lampe de poche au bout
d'une paille. Que se passe-t-il ?
Maintenant, courbe la
paille. Que vois-tu ?

La lumière se déplace en ligne droite, mais quand elle rencontre un objet, elle rebondit sur lui comme une balle. On dit qu'elle est réfléchie. Selon l'objet, la réflexion est plus ou moins importante.

Prends un miroir, des pierres polies, du papier blanc et de couleur et des bandes fluorescentes pour le vélo. Fais le noir dans la pièce.
Avec une lampe de poche, éclaire ces objets.
Quels sont ceux qui réfléchissent le plus la lumière ?

Regarde un miroir. La lumière rebondit sur toi et sur le miroir. Le miroir renvoie si bien la lumière, qu'il produit l'image de ton visage.

Quels autres objets peuvent réfléchir ton visage ? Que se passe-t-il si les réflecteurs sont incurvés au lieu d'être plats ?

Sais-tu que la Lune
ne produit pas de lumière ?
Elle luit parce qu'elle
réfléchit la lumière
du Soleil.

La nuit nous ne pouvons voir
le Soleil, mais il continue
de briller : les rayons du Soleil
éclairent l'autre face de la Terre
et la Lune. Les deux
réfléchissent les rayons
du Soleil.

Lorsqu'un objet ne réfléchit pas la lumière, c'est qu'il l'absorbe. Un objet nous apparaît noir s'il absorbe toute la lumière qu'il reçoit.

Au contraire, un objet nous apparaît blanc s'il réfléchit presque toute la lumière qu'il reçoit.

La lumière blanche contient en réalité toutes les couleurs. Lorsqu'elle arrive sur un objet, ce dernier absorbe certaines couleurs et en réfléchit d'autres. Ce sont les couleurs réfléchies qui donnent sa couleur à l'objet.

Un arc-en-ciel se produit quand les couleurs de la lumière solaire sont dispersées dans les gouttes d'eau.

Crois-tu que d'autres objets peuvent aussi disperser les couleurs de la lumière blanche ? (Les images peuvent t'aider !)

Pour obtenir de la lumière blanche, tu peux mélanger les couleurs d'un disque comme celui-ci.

Place un crayon au milieu du disque.

Que vois-tu quand tu fais tourner le disque comme une toupie ?

Nous pouvons voir à travers
beaucoup d'objets :
ils se laissent traverser par
la lumière. Nous disons que
ces objets sont transparents.

Certains objets,
comme un bocal
contenant de l'eau,
laissent passer
la lumière, mais
elle est déviée.

Trempe une paille dans un verre d'eau.
La lumière déviée dans l'eau donne
l'impression que la paille est cassée
au niveau de la
surface de l'eau.

La lumière peut-elle traverser ton corps ?
Place-toi face à une lumière. Tourne la tête et regarde derrière toi. Vois-tu une tache sombre sur le sol ? Quelle forme prend cette tache sombre sur le sol ?

La tache sombre projetée
sur le sol est
une ombre.

Réalise des ombres
avec différents objets
et plusieurs lumières.

Les plantes absorbent la lumière
et l'utilisent pour fabriquer de la nourriture.
Sans lumière les plantes meurent.

Regarde ces images.
Combien d'utilisations
de la lumière sont
représentées ?

Pour aller plus loin

Tu trouveras ci-dessous quelques suggestions pour mieux comprendre et compléter cet ouvrage avec l'aide d'un adulte.

4-5 Énumère les différents filtres solaires et examine leur efficacité. Recherche dans l'histoire les différentes civilisations pratiquant le culte du Soleil.

6-7 Trouve, dans l'image, trois sources lumineuses naturelles. Compare le brillant et la chaleur de ces différentes sources.

8-9 Quelles sont les sources lumineuses utilisées dans différents pays aujourd'hui ?

10-11 Pourquoi les ampoules sont-elles reliées à des fils électriques ? Réalise une liste des différentes ampoules utilisées à la maison et à l'école.

12-13 La lumière du Soleil se réfléchit sur la Terre. Une partie de cette lumière peut-elle atteindre d'autres planètes ?

14-15 Trouve des exemples d'objets qui brillent ou luisent. Réfléchis à ta sécurité dans le noir, par exemple en utilisant des bandes fluorescentes lorsque tu fais du vélo.

16-17 La lumière se réfléchit sur les miroirs. Recherche les miroirs (réflecteurs) dans les lampes de la maison, les voitures, les appareils photographiques…

18-19 Dessine les différentes formes de la Lune. Utilise une lunette astronomique ou un télescope.

20-21 Suspends au Soleil, sur un fil, des chaussettes de différentes couleurs : les chaussettes qui semblent les plus chaudes ont absorbé le plus de rayons du Soleil.

22-23 Peins un arc-en-ciel avec ses différentes couleurs. Écris des poèmes sur les arcs-en-ciel.

24-25 Fais une recherche sur les loupes, les lentilles de lunette et les verres colorés.

26-27 Fais des expériences avec différentes sources lumineuses. Que se passe-t-il quand tu éclaires une balle avec deux lampes de poche (regarde l'image) ? Fais des ombres chinoises sur un mur. Dessine le contour de différentes ombres.

28-29 Compare la croissance d'une plante placée dans la lumière et celle d'une plante identique privée de lumière.

D'autres livres à lire

La lumière, collection *Pleins feux sur,* Gamma.
Le Soleil et la Lune, collection *Le Ciel étoilé,* Gamma.
Le Soleil brille, collection *Je découvre la vie,* Gamma.
Le jour et la nuit, collection *Je découvre la vie,* Gamma.

Index